LE
PALAIS IMPÉRIAL DE SAINT-CLOUD

LE PARC ET LA VILLE

SIX VUES

DESSINÉES D'APRÈS NATURE, PAR JAIME

AVEC

UN TEXTE HISTORIQUE ET DESCRIPTIF

VERSAILLES

BRUNOX, IMPRIMEUR-ÉDITEUR, PLACE HOCHE, 13

1867

LISTE DES VUES.

Escalier d'honneur du Palais.
Galerie d'Apollon.
Parc (terrasse du bord de l'eau).

Cascades.
Château.
Lanterne de Démosthènes.

Les documents qui ont servi à cette description ont été recueillis dans les ouvrages de l'abbé Lebœuf, Dulaure, Mercier, Lacretelle, Anquetil, Fontaine, Vatout, dans les archives de la préfecture de Seine-et-Oise et dans un manuscrit de M. Hérissart, ancien fonctionnaire, membre du conseil municipal de Saint-Cloud.

Nota. Depuis l'impression du texte, l'église de Saint-Cloud a été réédifiée complétement.

TRADUCTION ET REPRODUCTION INTERDITES.

LE PALAIS
LE PARC ET LA VILLE DE SAINT-CLOUD

Saint-Cloud, bourg et résidence impériale (canton de Sèvres, arrondissement de Versailles, département de Seine-et-Oise), est situé au bord de la Seine, à huit kilomètres de Paris ; il faisait avant la révolution partie de la province de l'Ile-de-France, et fut érigé en 1674, en duché-pairie, en faveur de monseigneur de Harlay, archevêque de Paris.

Saint-Cloud est bâti sur une colline au couchant de la capitale sur la rive gauche de la Seine, dans une des plus belles situations des environs ; au levant, son territoire est borné par la Seine, au midi, par la commune de Sèvres, au couchant, par les communes de Marnes, Garches et Rueil, et au nord, par la commune de Suresnes; on se rend à Saint-Cloud, par le chemin de fer dont l'embarcadère est à Paris, rue Saint-Lazare, au moyen de gondoles, ou voitures publiques, et par un service de bateaux à vapeur qui partent du quai d'Orsay à Paris, et qui sont très-fréquentés pendant la belle saison.

Quand on arrive par la route de terre, la côte sur laquelle cette petite ville est bâtie fait naître un sentiment d'admiration, l'élévation pittoresque du lieu, le cours de la Seine, la richesse du feuillage, la beauté des arbres, qui décorent la rive gauche du fleuve, les divers bâtiments du domaine impérial, l'air d'activité et de fête qui règne sur la place d'arrivée, tout concourt à charmer la vue; l'intérieur du bourg n'offre pas le même intérêt à la curiosité; hormis quelques habitations d'agrément, les maisons sont généralement mal bâties, les rues sont mal pavées ; ces défauts proviennent plutôt de l'insuffisance des ressources, que du manque de sollicitude de l'autorité locale, qui de tous temps a fait d'intelligents efforts qui sont centuplés aujourd'hui sous l'habile administration de M. Preschez, maire actuel.

Depuis quelques années, la nouvelle route qui aboutit au chemin de fer, ouverte par le roi Louis-Philippe, se garnit d'élégantes habitations ; le parc de Montretout divisé en lots, renferme de charmantes maisons de campagne, qui dans un temps peu éloigné formeront une ville nouvelle, le petit commerce et les différentes industries [1] demeurant circonscrits dans l'ancienne ville :

[1] Les principales industries sont la blanchisserie et la culture

Notre description sera divisée ainsi : *Précis historique, le pont de Saint-Cloud, la place Royale, le château, le parc, la caserne, la salle de spectacle, l'hospice, l'église, la fête de Saint-Cloud.*

Précis historique.

L'histoire de Saint-Cloud remonte aux premiers temps de la monarchie des Francs ; il se nommait alors *Novigentum*, d'où l'on fit Nogent-sur-Seine. Ce n'était qu'une petite bourgade d'un abord extrêmement difficile qui prit le nom de Saint-Clodoald (*Saint-Cloud par corruption*) après la mort et la canonisation de Clodoald, petit-fils de Clovis, et fils du roi Clodomir : Clodoald pour échapper au poignard de ses oncles Childebert et Clotaire, se fit couper les cheveux et se voua à la vie religieuse ; c'était alors renoncer à la royauté ! il se retira à Nogent où il fonda un monastère; il y mourut en odeur de sainteté et fut inhumé en 608. Son tombeau attira

de la vigne, des légumes de primeur et fruits rouges. Cette culture est pratiquée sur tous les coteaux et plateaux entre Sèvres, Marnes, Ville-d'Avray, Garches et Rueil beaucoup de pèlerins en ce lieu, et contribua à augmenter le nombre de ses habitants.

Les reliques de saint Cloud ont été sauvées à la révolution, et déposées, dit-on, à l'évêché de Versailles; le superbe tableau représentant saint Cloud prenant l'habit de moine, qui ornait l'ancienne église, a été placé dans l'église Saint-Germain-des-Prés à Paris.

L'eau de la fontaine de Saint-Cloud, sise rue d'Orléans, vis-à-vis l'ancien hôpital, avait, dit-on, la vertu de guérir les écrouelles; à l'époque d'une procession spéciale, on trempait un os du doigt de saint Cloud, en formant la croix dans l'eau que l'on bénissait pour les malades, et cette eau opérait, assure-t-on, le miracle de la guérison (*Histoire du diocèse de de Paris,* page 34).

On voit encore aujourd'hui dans la rue Agathe, à l'entrée près de la muraille, une pierre de quinze à seize pouces carrés qui fait partie du pavé, et sur laquelle un pas d'homme est visiblement empreint; cette pierre ne peut, dit-on, être retournée, sans que le côté sur lequel le pas est marqué ne revienne à la surface.

Voici l'origine qu'on donne à cette empreinte: saint Cloud faisait construire son église; et trouvait que les travaux allaient trop lentement, il se rendit sur le bateau qui amenait sur la rive les matériaux, prit sur ses épaules une des colonnes qui devaient soutenir le temple, et monta lestement avec cette charge; mais, arrivé à l'endroit où son pas se voit aujourd'hui, son pied glissa, et pour se relever, perdant l'équilibre, il fit un effort qui imprima son pied dans la pierre; depuis, ni le temps, ni le travail des hommes, n'ont pu l'effacer; cette pierre a donné son nom à la petite place près de laquelle elle se trouve et que l'on appelle le Pas de Saint Cloud.

La possession de Saint-Cloud, point très-important pour les partis belligérants, à cause de sa proximité de Paris et de sa position sur la Seine, qu'on pouvait fermer à volonté, exposa souvent ce bourg aux désastres de la guerre; il fut réduit en cendres, en 1358, par les Anglais, réunis à Charles-le-Mauvais, roi de Navarre, pour ruiner la France. Dans les guerres intestines du royaume sous Charles VI (en 1411), il fut pris et repris plusieurs fois. Lors des guerres de religion sous Charles IX, et des fureurs de la Ligue sous Henri III et Henri IV, les divers partis l'occupèrent tour à tour ; il fut aussi le théâtre de plusieurs actions meurtrières pendant le drame sanglant de la Fronde.

En 1589, Henri III, accompagné de Henri de Navarre (depuis Henri IV), avait quitté Paris, où sa déchéance avait été prononcée. Il avait établi son quartier général à Saint-Cloud, et habitait une maison de plaisance appartenant à la famille de Gondi. C'est là que Jacques Clément fut dépêché vers lui par les ligueurs.

On sait que ce moine, « porteur d'une lettre qu'il disait tenir de Achille de Harlay, premier président, fut conduit en présence du roi, et lui remit à genoux le prétendu message. » Tandis que le monarque lisait, il le frappa au ventre d'un couteau qu'il laissa dans la plaie ; le roi se levant aussitôt, arracha le couteau de son ventre et en frappa le meurtrier au front ! Les courtisans accoururent au bruit, et sur-le-champ ils tuèrent le moine avec une précipitation qui les fit soupçonner d'avoir été trop instruits de son dessein. » (*Voltaire, note de la Henriade.*)

Henri de Navarre devint alors roi de France par le droit de sa naissance ; nous reproduisons une pièce très-curieuse trouvée dans les archives de la préfecture de Seine-et-Oise, et qui est relative à ce meurtre :

« 2 août 1589.

« Le roy séant en son conseil, après avoir ouy le rapport faict par le sieur de Richelieu, chevalier de ses ordres, conseiller en son conseil d'État, prévost de son hostel, et grand prévost de France, du procès faict au corps mort de frère Jacques-Clément, jacobin, pour raison de l'assassinat préméditoirement commis sur la personne de feu de bonne mémoire, Henry de Vallois, naguères roy de France et de Polongne ; Sa Majesté, de l'advis de son conseil, a ordonné et ordonne que le dict corps du dict feu Jacques-Clément soit tiré à quatre chevaux. Ce faict, le dict corps bruslé et mis en cendres jetées en la rivière, a ce qu'il n'en soit à l'advenir aucune mémoire.

» Faict a St Cloud, Sa dicte Majesté y estant, le deuxième jour d'aoust 1589.

» Henri quatre.

» Ruzé.

» Le dict jour executé au dict St Cloud. »

D'autres événements importants ont eu lieu à Saint-Cloud. Les conférences de Mirabeau avec la reine Marie-Antoinette au commencement de 1790 ; la journée du 18 brumaire an VIII (9 novembre 1799) : le général Bonaparte, lassé du Directoire, administration faible et corrompue, entouré de généraux dévoués, aidé de son frère Lucien, se présenta au conseil des Cinq-Cents, nouvellement installé dans l'orangerie du château, suivi de plusieurs officiers et de quelques grenadiers. Interpellé vivement, il leur déclare que leur pouvoir est impuissant et doit cesser ; menacé de poignards, il se retire protégé par sa garde; peu après, il ordonne à Murat de faire évacuer la salle par les baïonnettes. Les soldats y pénétrèrent au pas de charge ; un grand nombre de députés s'échappèrent par les fenêtres. Bonaparte fut bientôt élu consul. Réélu ensuite pour dix ans, puis proclamé consul a vie.

. . . . Le mariage civil de l'empereur Napoléon avec Marie-Louise d'Autriche fut célébré, le 1er avril 1810, dans la chapelle du palais de Saint-Cloud. En 1815, l'étoile du grand homme avait pâli, et le palais impérial était livré à Wellington et à Blücher. Les chevaux des soldats dévastaient les pelouses et les futaies, comme le Prussien brutal souillait de son contact le boudoir de l'impératrice, suivi d'une meute de chiens, qui possédaient au même degré que leur maître l'instinct de la civilisation !

Louis XVIII vint s'y installer le 18 juin 1817, et Charles X y signa les ordonnances de 1830, qui amenèrent la chute de la branche aînée des Bourbons.

Le roi Louis-Philippe et sa famille en firent leur résidence jusqu'en 1848.

L'empereur Napoléon, l'Impératrice, le Prince Impérial y séjournent pendant la belle saison. La reine d'Angleterre y a demeuré plusieurs jours lorsqu'elle est venue en France visiter Leurs Majestés Impériales.

Saint-Cloud a donné le jour à plusieurs notabilités. Pierre de Saint-Cloud, auteur du testament en vers français d'Alexandre-le-Grand; Guillaume de Saint-Cloud, fameux astronome de la cour de Marie de Brabant; Jacques Perrier, prêtre, auteur de la vie de saint Cloud; Jean-Baptiste-Louis de Valincourt, qui succéda à Racine comme historiographe de Louis XIV. Ces notabilités sont plutôt destinées à figurer dans des biographies qu'à appeler l'attention de la postérité sur le lieu qui les a vues naître.

Le Pont de Saint-Cloud.

Saint-Cloud communique avec Boulogne (*chemin de Paris*), par un pont qui traverse la Seine dans sa plus grande largeur, et qui existait déjà en 841, puisque ce fut « pour empêcher que l'armée de Lothaire, frère de Charles-le-Chauve, n'y passât, que ce dernier fit camper son armée entre Saint-Denis et Saint-Cloud. » En 1218, il y avait des moulins sur ce pont; ils furent donnés en propriété à l'archevêque de Paris. Pendant la querelle des Bourguignons et des Armagnacs, il fut pris, repris et détruit. En 1411, réédifié en bois, on avait construit dessus une forteresse. Le roi Henri II le fit rétablir en pierre à ses dépens en 1556, à l'exception de deux arches qui restèrent en bois jusqu'en 1810, époque à laquelle on le répara; il a subi récemment une restauration complète, et brille maintenant par l'élégance et la solidité.

On a souvent cité les fameux filets de Saint-Cloud, qui ont fourni le sujet de plus d'un mélodrame. On les attachait aux arches du pont, « afin d'arrêter les » objets et les cadavres que le courant de la Seine » entraînait de Paris (*Dulaure*). » Ces filets, qui ne pourraient exister sans gêner la circulation de la Seine, ne sont autre chose que ceux tendus en une certaine saison de l'année, par les pêcheurs fermiers des arches du pont et de cette partie du fleuve, pour prendre les anguilles de Seine, si renommées.

La place Royale (1).

Dès qu'on a franchi le pont, on pénètre sur la place Royale, le quai à gauche, où abordent les bateaux à vapeur, conduit, en longeant le parc, au pont de Sèvres. Le quai à droite, où florissent les marchands de matelottes et fritures, conduit, par Suresnes et Puteaux, au pont de Neuilly. A l'angle de ce quai se trouve l'hôtel de la Tête-Noire, devenu célèbre par le crime de Castaing, cet assassin docteur, qui, si traîtreusement, y fit mourir son client et son ami le jeune Ballet.

A droite, au fond de la place, garnie de cafés et de restaurants, s'ouvre la route neuve de Montretout. Vis-à-vis le pont, une rue montueuse, qui est la rue Vivienne de l'endroit, conduit au sommet de la ville. A gauche, l'avenue Royale, qui conduit au château, et l'entrée du parc dont la grille s'étend jusqu'au chemin de halage. A l'angle de ce chemin stationnent, les jours de fête, un grand nombre de voitures publiques. La civilisation en a éloigné les *Coucous*(1), autrefois si chers aux Parisiens.

Le Palais Impérial.

Ce palais, ou château, n'existait pas avant 1658, époque à laquelle Louis XIV acquit, pour le duc d'Orléans, son frère unique, les terrains et maisons particulières qui forment aujourd'hui le domaine de la Liste civile. La principale de ces maisons était celle de Gérôme Gondi, banquier italien, qui y avait souvent reçu Catherine de Médicis. C'est là qu'avait été consommé le meurtre de Henri III.

En 1658, ce lieu de plaisance appartenait au contrôleur des finances Hervard. Louis XIV en fit un palais et l'agrandit, en y ajoutant un hôtel très-ancien, que possédait autrefois la reine Catherine,

---

(1) Sa Majesté l'Empereur Napoléon III a voulu qu'on conservât les noms donnés aux rues et places sous la royauté.

(1) Ancienne voiture, sorte de cabriolet carré à six ou huit places, traîné le plus souvent par une haridelle.

deux maisons appartenant à un nommé Monerot et à Fouquet, surintendant des finances, et la propriété du Tillet, dont une allée porte encore le nom. C'est dans cette propriété que s'installa Henri IV après la mort de Henri III.

Lenôtre avait été chargé de dessiner le parc et les jardins; le château fut bâti d'après les plans de Lepaute; la galerie et les salons furent peints par Mignard.

M. Fontaine, architecte du roi Louis-Philippe, dit dans son ouvrage, *les Domaines de la Couronne* : « On ne peut indiquer d'une manière précise et certaine ce que devait être la maison du contrôleur Hervard, lorsque Monsieur, frère du roi, en fit l'acquisition, une gravure seule d'Israël Sylvestre, en peut donner quelque idée. » Jules Hardouin et Mansart dirigèrent aussi les travaux d'embellissements de Saint-Cloud. Mais l'irrégularité des constructions que l'on fit alors, la distribution embarrassée des appartements et surtout la disproportion choquante qu'on remarque dans les différentes parties de l'habitation, démontrent assez qu'à Saint-Cloud, ainsi qu'il a été souvent fait ailleurs, on a pris les choses dans l'état où elles se sont trouvées; les exigences, les besoins du moment ont motivé les travaux que l'on a successivement exécutés; construisant ainsi chaque chose, l'une après l'autre, dans une position mal choisie, on est arrivé à faire insensiblement un vaste édifice entièrement neuf, mais irrégulier, incommode, sans grâce au dehors et peu convenable au dedans.

Les historiographes ont enregistré les fêtes magnifiques données à Saint-Cloud par Monsieur à Louis XIV. La charmante Henriette d'Angleterre, que l'oraison funèbre de Bossuet a rendue si célèbre, y mourut; le prince son époux mourut aussi dans ce palais créé pour lui. Le régent vint l'habiter et y reçut le czar Pierre en 1717.

En 1752, Louis-Philippe d'Orléans, petit-fils du régent, y donna une fête qui eut plus d'éclat que toutes les fêtes passées; le peuple y fut invité, et le souvenir en est resté dans le pays.

En 1785, la reine Marie-Antoinette acheta Saint-Cloud au duc d'Orléans. De notables changements eurent lieu, et par son ordre une nouvelle chapelle fut construite sur l'emplacement de l'ancienne ; on établit en même temps l'escalier d'honneur des grands appartements (*voir le dessin*); pour construire cet escalier, il fallut doubler la partie de l'aile gauche au delà de l'avant-corps du côté du bassin du fer à cheval, qui est en avant de la façade du château, vis-à-vis l'amphithéâtre où s'élève la lanterne de Démosthènes!

Micque, architecte de la reine, pour satisfaire aux habitudes simples que Marie-Antoinette se plaisait à introduire à la cour, divisa les grands salons de réception en petites pièces dont Napoléon ordonna la suppression quand, à la fin de 1801, il choisit le palais de Saint-Cloud pour sa résidence d'été ; le 18 juin 1817, Louis XVIII s'établit à Saint-Cloud ; Charles X y vint après lui, et le 24 juillet 1830, il signait en ce lieu les ordonnances dont le résultat fut si fatal à la branche aînée!

Louis-Philippe, devenu roi, quitta sa résidence de Neuilly et se rendit à Saint-Cloud avec sa famille le 27 mars 1832. Le château, le parc et la ville devinrent l'objet de sa sollicitude, la grande cascade fut réparée, le chemin de fer de Paris à Versailles entrepris, et la nouvelle voie passant au pied du parc de Montretout fut commencée et achevée sans délai.

A l'extrémité de l'avenue royale, s'élève la grille du château ; une cour où sont les logements du commandant militaire, des gens du service et le corps de garde précède la cour d'honneur ; au fond, la façade du palais ; à droite et à gauche, en retour, deux ailes construites sur les plans de Lepaute, l'aile gauche est occupée par l'Empereur et l'Impératrice, la galerie d'Apollon s'étend dans la longueur du premier étage de l'aile droite.

On pénètre dans le château par le vestibule de l'Empereur; on remarque dans l'escalier un tableau peint par Rouget: le sénatus-consulte qui le proclame empereur est présenté à Napoléon par Cambacérès et Lebrun ; la future impératrice Joséphine, sa fille qui fut depuis la reine Hortense, Eugène de Beauharnais, Murat, Masséna, Kellermann, M. de Talleyrand et un groupe de sénateurs assistent à cette cérémonie.

Au haut de l'escalier est le vestibule des grands appartements; à gauche, la porte qui donne accès au théâtre; à droite, celle qui ouvre sur le salon de Mars:

Salon de Mars.

Les peintures de ce salon, comme celles des autres parties du château, sont dues pour la plupart au pinceau de Mignard; le plafond représente *l'Olympe;* les voussures, les *Forges de Vulcain*, et *Mars et Vénus*; les dessus de portes, les *plaisirs des jardins,* la *Jalousie* et la *Discorde;* un très beau portrait de Napoléon premier consul, en tapisserie des Gobelins, et quatre magnifiques portières en vieilles tapisseries, provenant du même établissement, sont admirés des connaisseurs.

Galerie d'Apollon (*Voir le dessin*).

Cette galerie, moins somptueuse que la galerie des glaces au palais de Versailles, est construite cependant dans des conditions analogues; elle fut le théâtre de fêtes splendides, offertes par Monsieur à Louis XIV; le Régent y fit aussi de brillantes réceptions. Sous le Directoire, elle fut consacrée aux séances du Conseil des Anciens.

Les peintures du plafond et de la voûte sont de Mignard; elles ont été habilement restaurées et représentent (*plafond*) : *Apollon sur son char;* puis, entre les grands tableaux : *Circé, Clymène fille de l'Océan, la chute d'Icare, Apollon et Pan, Apollon et Marsyas, Daphné, Cyparisse.* Au-dessus des portes et des croisées sont les portraits de Mlle de Valois, Philippe d'Orléans, Monsieur duc d'Orléans, Charlotte de Bavière, Anne d'Autriche, Marie-Thérèse d'Autriche, Louis XIV, le Grand Dauphin; tous ces portraits sont accompagnés des devises des personnages qu'ils représentent. Entre les croisées et les fausses portes, du côté de la cour et de la chapelle, on a placé de précieux meubles de Boule d'un modèle à peu près semblables. Au-dessus sont des tableaux de Canaletti, Coypel, de Troy, Boucher, Moucheron, Lahire, Robert-Hubert, Joseph Vernet au-dessus de la porte d'entrée, Mignard a représenté la Naissance d'Apollon et de Diane, Jupiter changeant en grenouilles les paysans qui viennent insulter Latone, et, à l'extrémité de la galerie, le Parnasse et les quatre Saisons.

Salon de Diane.

De la galerie d'Apollon on passe dans le salon de Diane; les peintures du plafond, par Mignard, représentant *Diane, déesse de la nuit*, et dans les voussures, *la Toilette, la Chasse, le Bain et le Sommeil de Diane*. Portraits par des peintres modernes : *Henri IV, Louis XVIII, Philippe de France, Philippe d'Orléans, Louis d'Orléans*. On admire, dans ce salon, quatre superbes vases aux armes de la maison d'Orléans, exécutés en Chine pour Monsieur, frère de Louis XIV.

Salon de Vénus.

Ce salon, disposé en salle de billard, renferme un beau plafond de Lemoine : *Junon empruntant la ceinture de Vénus;* deux dessus de porte, de Jean Nocret : *la Paix* et *la Science*; il est décoré de tapisseries des Gobelins où on a reproduit le portrait de *Philippe V, duc d'Anjou*, d'après Gérard, et quelques-uns des tableaux de Rubens en l'honneur de Marie de Médicis.

Salon de la Vérité.

Le Triomphe de la Vérité est le sujet du plafond peint par Coypel. Ce salon est décoré d'une suite de tableaux en tapisserie d'après Rubens, dont les originaux de la galerie de Médicis, si admirés au Louvre, nous dispensent de donner ici la description. Les meubles sont en tapisserie de Beauvais.

Salon de Mercure.

M. Alaux, un de nos peintres modernes des plus distingués, a peint, pour le salon, *Mercure et Pandore, les Noces de Thétis et de Pélée, l'Assemblée des Dieux*, *Mercure remettant la pomme à Pâris*, *le Jugement de Pâris*; les tentures et les meubles en tapisserie sortent des manufactures des Gobelins et de Beauvais. On remarque aussi quatre vases en porcelaine de Sèvres avec peinture, représentant *les Quatre Saisons*, qui ont été très-appréciés à l'Exposition universelle, dont ils faisaient partie.

Salon de l'Aurore.

Meublé en laque de Chine, ce salon tire son nom du plafond peint par *Pierre Loir*, représentant *le Lever de l'Aurore*. En quittant ce salon, on traverse un vestibule d'où l'on aperçoit l'escalier de la Reine, et on entre dans les appartements de l'Empereur et de l'Impératrice. Ils sont richement meublés et ornés de précieux objets d'art. On visite également les anciens appartements du duc et de la duchesse d'Orléans, ainsi que le salon des marines de Joseph Vernet, où les ordonnances de juillet 1830 ont été signées.

La salle de spectacle, fort joli morceau d'architecture, s'élève à côté de l'orangerie. Nous avons mentionné dans notre Précis historique, l'événement important dont cette orangerie fut le théâtre le 18 brumaire.

Le Parc.

En entrant dans le parc par la grille de la place Royale, si on suit à gauche la balustrade qui borde le fossé, les rives de la Seine, le pont de Sèvres, les hauteurs de Meudon et la masse d'arbres séculaires, offrent un délicieux tableau (*voir le dessin*); à droite, le restaurant de Legriel, puis une file de boutiques, dont quelques-unes très-élégantes, font un appel souvent entendu à la curiosité et à la fantaisie des promeneurs; entre les arbres qui, de côté, forment l'avenue, on trouve les balances traditionnelles : dans un plateau d'énormes poids, dans l'autre un fauteuil; ces appareils servent à peser les mortels! au-dessus de l'un d'eux, on lit cette inscription :

« Voyons combien nous pesons avant et après dîner. »
Ce genre de divertissement offre parfois des scènes grotesques.

A peu de distance dans l'avenue est un pavillon où se tient aujourd'hui le Cercle des officiers de la garnison; c'était autrefois un café où la foule se réunissait pour jouir de la fraîcheur de la soirée.

La grande Cascade *(Voir le dessin)*.

Un peu plus loin, entre deux quinconces, s'élève la grande cascade, construite sur les dessins de l'architecte Lepaute; elle a 39 mètres de façade sur autant de pente, et se termine à l'allée du Tillet, qui, dans un assez large espace, la sépare de la basse cascade; celle-ci a été dessinée par Mansard; toute l'eau de la cascade supérieure y coule souterrainement et se répand en nappes brillantes dans un bassin circulaire, qui s'épanche en lames superposées dans un canal bordé de seize jets d'eau. Ce monument est d'un style grandiose et d'une fort belle exécution, sauf des statues d'un goût détestable, qui déparent l'ensemble; les eaux, qui se jouant au soleil produisent un effet magique, proviennent des étangs de Ville-d'Avray, tandis que la ville de Saint-Cloud est alimentée par la machine de Marly.

Le grand Jet d'eau.

Ce jet, tant admiré des amateurs, est situé non loin de la cascade, et s'élève à quarante-deux mètres au-dessus du niveau du bassin, dans le centre duquel on l'a placé. Le parc et les jardins ont subi de nombreuses transformations : la grotte de verdure qui ombrageait la grande cascade, les goulottes, le Trianon, actuellement remplacé par le pavillon de Breteuil, l'allée des Portiques, le Pavillon de la Félicité, construit pour Marie-Antoinette, le mail, le fort, et une foule d'autres détails célébrés par les auteurs contemporains ont totalement disparu.

En continuant de suivre la grande allée, on peut se rendre à la grille de Sèvres, près le pont, où, sous des allées ombragées, on monte par une pente douce jusqu'au pavillon de Breteuil. Si on revient du côté de la grande cascade, en gravissant les talus qui l'avoisinent, on longe une seconde pièce d'eau fermée d'un massif d'arbres, sous lesquels une vasque élégante lance une guirlande de jets d'eau dont elle est bordée. Bientôt après, on se trouve en vue de la grille du château, dont en aperçoit la façade latérale; en avant de cette façade, est un bassin dit du Fer-à-cheval (*voir le dessin*). En tournant le dos au château, on voit un amphithéâtre de verdure qui s'étend jusqu'à la partie élevée dominée par la lanterne dite de Démosthènes (*voir le dessin*). Cette œuvre d'architecture est un obélisque tronqué que couronne une copie d'un joli monument choragique, dont Lysicrate avait orné Athènes pour consacrer le souvenir du prix qu'il avait remporté sur ses rivaux. C'est ce que constate l'inscription gravée sur l'architrave. Ce nom de lanterne de Démosthènes est le résultat d'une erreur qui fut longtemps accréditée, même à Athènes, où quelques-uns croyaient que le grand orateur s'était retiré pour méditer solitairement dans l'intérieur de ce petit temple, où, il faut en convenir, le philosophe eût été étroitement logé.

L'inscription découverte a tout rectifié, et les gens instruits ne sont pas mieux fondés à appeler cet obélisque Lanterne de Démosthènes que le vulgaire ne peut l'être à le nommer, ainsi qu'il le fait, Lanterne de Diogène. De ce point élevé, qui domine tout Paris, on aperçoit la totalité du coteau de Meudon ; à gauche, vers Suresnes et Neuilly, les hauteurs qui précèdent Montmorency; dans le lointain, le clocher effilé de Saint-Denis, contraste avec la construction plus massive et plus rapprochée de l'Arc-de-l'Etoile; on saisit du même coup d'œil la butte de Montmartre et le mont Valérien ; le bois de Boulogne déploie en rideau sa belle végétation, le vaste hippodrome de Longchamps, le nouveau château de M. de Rothschild, Grenelle, Vaugirard et Issy, bornent l'horizon, où se dessinent en silhouette les tours de Saint-Jacques, de Notre-Dame, de Saint-Sulpice, les dômes du Panthéon, du Val-de-Grâce et des Invalides. Tout cet ensemble complète le tableau le plus varié et le plus étendu que l'on puisse imaginer.

L'allée qui fait face à l'obélisque, devant le château, descend à Sèvres, et aboutit au jardin fleuriste celle qui est à droite, la plus longue et la plus large, mène à la grille de Ville-d'Avray, d'où l'on peut se rendre à la station du chemin de fer sans revenir vers Saint-Cloud.

Le parc et les jardins réservés se composent, devant le château et à l'extrémité de l'orangerie, d'une esplanade ornée de superbes statues, d'avenues ombragées, de salles de verdure, dont la fraîcheur est augmentée par de nombreux jets d'eau et de ravissantes fleurs, constamment entretenues avec le luxe que comporte une demeure impériale.

La Caserne.

La caserne, ancien hôtel des gardes du corps, est la plus belle et la plus saine qui existe dans les environs de Paris; elle peut contenir environ quinze cents lits et a des écuries pour trois cents chevaux; on regrette que le roi Charles X, pour édifier le bâtiment, ait fait choix du terrain au bas de l'avenue du château ; cette masse détruit l'harmonie du paysage, et anéantit le beau point de vue qui existait au milieu de l'avenue.

La Salle de Spectacle.

Cette salle, construite en 1827 par les frères Séveste, directeurs privilégiés des théâtres de la banlieue, est située dans l'avenue du palais, vis-à-vis la caserne; son architecture extérieure est satisfaisante et donne l'idée de sa destination; l'intérieur est frais et élégant. Un fait singulier mérite d'être ici mentionné : La menuiserie intérieure de cette salle est celle de la salle de spectacle de la Malmaison, achetée par les frères Séveste lors de la vente de ce séjour si cher à l'impératrice Joséphine; et la loge du milieu est celle-là même qu'occupaient le premier consul et sa famille. Les représentations à ce théâtre sont peu fréquentes.

L'Hospice.

Il existait à Saint-Cloud, de temps immémorial, un

hôtel-Dieu, dont le fondateur est resté inconnu ; les biens de cet hôtel-Dieu, ceux des maladreries de Saint-Cloud, la chaussée Calvaigne, près de Bougival et de Boulogne, furent réunis aux biens de l'hôpital de la Charité de Saint-Cloud, fondé par Philippe d'Orléans, frère unique du roi Louis XIV. Un acte daté du 11 août 1689 constate que ce prince fonda cet hôpital « pour mériter les grâces et les bénédictions de Dieu. »

En 1787, la reine Marie-Antoinette, épouse de Louis XVI, transféra cet hôpital, qui était rue d'Aulnay, à la place du *Meurtroy* ou du *Martroy*. Elle ajouta à ce nouvel établissement une chapelle, dont le frontispice porte l'inscription suivante, due aux soins reconnaissants de M. de Silly, alors maire de Saint-Cloud.

CHAPELLE ROYALE DE L'HOSPICE
FONDÉE EN 1787
PAR S. M. TRÈS-CHRÉTIENNE
MARIE-ANTOINETTE
REINE DE FRANCE ET DE NAVARRE
1817

L'Église.

L'ancienne église de Saint-Cloud dont la fondation est attribuée au saint de ce nom, avait été bâtie vers l'an 600, et mise par son fondateur sous l'invocation de saint Martin. Cette église était remarquable par l'élévation de son clocher qui se terminait en pointe, et qui par sa position se trouvait une des plus hautes de France : à l'époque où Marie-Antoinette acheta le château, ce clocher paraissait menacer de s'écrouler ce qui décida la démolition de l'église ancienne et la construction de la nouvelle ; l'église actuelle, sous l'invocation de saint Cloud, fut commencée en 1788 par la reine Marie-Antoinette, qui en posa la première pierre ; les événements de la révolution ne permirent pas de continuer les travaux qui eussent été remarquables, ainsi que le prouvent le dessin et le plan conservés à la mairie dans la salle du conseil ; l'Empereur Napoléon voulut les faire continuer, 1814 et son cortége d'alliés mit obstacle aux dispositions généreuses de l'Empereur. Enfin vint la restauration, M. de Silly, maire, obtint du roi Louis-dix-huit, des princes, des habitants de la ville, et du produit des matériaux de l'ancienne église des Ursulines, une somme de 56,387 fr. 50 c., faible ressource avec laquelle il entreprit de bâtir l'église actuelle, laissant à l'avenir et au zèle de ses successeurs le soin de parachever l'ouvrage commencé par lui ; l'église actuelle, comme œuvre d'art, est un monument de peu de valeur, mais quand on songe aux difficultés que M. de Silly a surmontées pour obtenir ce résultat, on ne peut s'empêcher d'applaudir au dévouement d'un simple maire, citoyen obscur qui eut la gloire d'achever ce que deux monarques puissants avaient en vain résolu : cette église fut inaugurée le 25 août 1820.

La Fête de Saint-Cloud.

Cette fête a lieu le premier dimanche de septembre de chaque année, la population parisienne s'y porte avec ardeur, c'est une tradition effrénée ! au temps des coucous, ces véhicules modestes dont six voyageurs, deux lapins (1) et le cocher formaient tout le convoi, la route de Paris à Saint-Cloud offrait le coup d'œil le plus pittoresque, tous pêle-mêle dans ces sortes de cages, aveuglés par la poussière, les voyageurs prenaient patience en se livrant à une foule de quolibets, et de joyeux ébats ; bien souvent, avant d'arriver à destination, plus d'un jeune gars avait trouvé la compagne de son excursion.

Aujourd'hui, les omnibus, les gondoles, les petits coupés réservés aux parisiens élégants, les bateaux à vapeur qui ont remplacé la galiote, les voies de fer d'Auteuil et de Versailles, amènent à Saint-Cloud un nombre toujours considérable de voyageurs ; les restaurants, cafés, et cabarets sont encombrés ; le parc, outre les boutiques ordinairement ouvertes dans la grande allée, est rempli de boutiques ambulantes, de jeux de toutes sortes, de salles de danse, et de petits spectacles ; à la nuit, les lumières qui

(1) On appelait ainsi ceux qui se trouvaient placés sur le siége, en compagnie du cocher.

brillent à travers le feuillage, sont d'un effet charmant.

Nous allons omettre d'enregistrer l'énorme succès du pain d'épice, qui ne le cède qu'à celui du mirliton (1).

(1) Petit instrument en roseau, bouché aux deux extrémités par un morceau de baudruche et entaillé à la façon des flûtes; on en tire un son assez désagréable.

Mirliton et foire de Saint-Cloud sont synonymes.

A la foire à Saint-Cloud
On y vend de tout;
Le plus fort commerce
Est sur le mirliton
Que chaque garçon
Paye à son tendron.

FIN.

Strasbourg, imprimerie de Veuve Berger-Levrault.